프리마돈나, 조수미

이 도서의 국립중앙도서관 출판예정도서목록(CIP)은 서지정보유통지원시스템 홈페이지(http://seoji.nl.go.kr)와 국가자료종합목록 구축시스템(http://kolis-net.nl.go.kr)에서 이용하실 수 있습니다.
(CIP제어번호 : CIP2019027827)

J.H CLASSIC 036

프리마돈나, 조수미

안현심 시집

지혜

시인의 말

자작나무숲을 지나 툰드라를 향해
혼자서, 혼자서 걸었습니다

여기는 순록의 땅

이제는 돌아갈 수 없습니다
당신이 목 놓아 부른다 해도.

2019년 6월
작약꽃 그늘에서
안현심 쓰다

차 례

2부

3부

4부

• 일러두기
한 연이 첫 번째 행에서 시작될 때는 > 로 표시합니다.

1부

오르가즘

연천봉 아래 연초록 너울, 살 비비며 쓰러지며 혼절하는 파도, 맨발로 얼크러져 몸부림하는 시원始原.

사월의 숲,

죽어도 좋을 목숨의 잔치.

개미귀신

깊은 골짜기
굴피 너와집

숯구이 자식으로 나
장가도 못 가본 마흔 살 총각

어정어정 해가 지자
상처 입은 짐승으로 흘러든 여자

산다,

잡아먹히고 잡아먹으며

논다.

사랑아

연잎 같은 여자가 덖어 보내준 연잎차를 마시며

혀끝에 감겨드는 머리칼 쓰다듬다가

또르륵, 연잎에 눈물방울 떨군다

사랑아,

어느 산맥을 불어 넘어와

오늘, 내 연밭에서 울고 있느냐.

건초여자

아무르 눈빛, 파미르 언어가 반짝이는 입술

당신의 늪에 빠지면 헤어나지 못할 것 같아 다가가지 못했어요

날마다
무덤을 짓는 여자

가을볕에 비계덩이 마르는 동안
노란 뼈대만 꼿꼿이 밝아

마른 풀 향기
오래오래 드높은 사람.

가을맞이

당신이 오면 들녘으로 산으로 손잡고 다니다가 물밑 자갈돌 들여다보며 몹시 기다렸노라 말하고 싶었는데,

부끄러운 마음 준비하기도 전에 문지방 성큼 들어섰구려.

끝내 내놓지 못한 말,

눈부신 풍광만 그리다 그리다가
하염없이 울고 있네
이 가을.

허난설헌

하늘이 준
빛나는 시혼

어리석은 사내의 아낙이 되어
꽃봉오리 짓밟혀버리고 말았지요

장대비로 내리붓다가
가랑비로 휘어져 골짜기를 헤매던 사람

울지 말아요,
얼음장 밑 설연화가 기지개켜고 있어요

당신의 이름처럼
환한 꽃.

오솔길

길이 아닌 길을 가라 하네요

어매는 가지 말라 했는데, 바람도 나무도 안 된다고 했는데,
모두가 내달리니 너도 가야 한다면서 등을 떠미네요

내 목소리는 작고
저들의 함성은 지축을 흔들어요

혼자서 걸어가요,
조붓한 길.

두건물범

애기는 바다에 나가서 놀라고 하고
우리 한 번 궁굴어보자구.

도저히 못 참겠단 말여. 이것 봐, 이 보라구. 코 점막을 이렇게 부풀려도 멋있지 않어? 검붉은 두건이 섹시해보이지 않느냐 말여?

내일이면 젖을 떼도 되는디, 방수털도 빽빽해져 떠나보낼 수 있는디 말여, 하루를 못 참고 지랄 안달이여. 칵, 물어버리기 전에 비키지 못 혀?

서슬 퍼런 지게작대기를 피해
콧바람을 불어대는

얼음바위 뒤
뜨거운 욕정.

빨간 목도리

살 맞대고 살던 사람, 붉으락푸르락 하루에도 열두 번 강물을 뒤엎던 사람

이 목도리 사줄 때는 좋아하기나 했을까

시린 강에 깃털 한 잎 떨어뜨리고 간
겨울철새 울음소리.

마흔아홉 살

여섯 살 때 엄마 손을 놓아버린 후
보육원에서 지어준 이름 '김도리'로 살았어요
아빠는 뱃사람이었고
장구 치며 노래 부르던 엄마를 기억할 뿐

손을 놓지 않았더라면
나도 장가가서 아빠가 되었을 텐데
키는 자라지 않아 반도막밖에 되지 않고
말마저 어눌한 여섯 살 어른이에요

피에로처럼 분장하고
엄마를 찾아줘요, 이런 사람 본 적 있어요?
십 년째 거리를 헤매고 다니지만
아무도 거들떠보지 않네요

양수의 기억이 사무치게 그리워
뒤뚱뒤뚱 헤매는
마흔아홉 살.

프리마돈나

— 조수미

당신은
신이 사랑한 사람

지독한 질투로
가시버시 사랑을 앗아가더니

나만을 바라보라고, 오직 나만을 흠모하라고, 체온을 나누고 싶거든 하늘에 닿는 노래를 부르라고

신에게 찍힌 죄로
고독한 산정에서 비단실을 뽑아내는

인간 여인의
천상의 피리소리.

운주사

어느
간절한 염원이
천 개의 불탑을 쌓게 했습니까?

어느
간절한 아픔이
바윗장을 일으켜 세웠습니까?

세상 어지러울 때
질서를 짓는다는 미륵이여,
어서 일어나 눈먼 이의 소원을 들어주세요.

운주사 곳곳 얼룩진 핏자국,

어느
뼈아픈 사랑이
한 생을 망치질로 노 젓게 했습니까?

자작나무

너무 섬세해서 상처받은 자리 아물지 않아요
스스로 만든 옹이는 스핑크스의 눈처럼
눈표범의 반점처럼 깊푸르지요

너무 단단해서 아름드리나무로 자라지 못해요
알락하늘소에게 내준 몸뚱어리는
산골아낙 아궁이를 덥혀주지요

가난한 등허리 어루만지며
얼어붙은 가지마저
불태우는 소리

자작자작
자작자작 탁탁.

나도

동그랗게 몸뚱어리 말아
모래비탈을 구르는 황금바퀴거미

등가시 곧추세우고
사막을 탐색하는 도깨비도마뱀

나도 살아남으려면
등허리 물혹을 키워야겠구나.

숨, 바람

잦아드는 목숨에 풀무질하듯
꺼진 불 일으켜 세우며 어매가 입바람을 분다

푸우, 푸우 —

저 바람 잦아들면 송장과 한 족속

잠자는 내가 입바람을 분다
꿈결인 듯 귓전에 감겨오는
숨, 바람 소리

푸우, 푸우 —

당신이 물려준
눈 시린
유물.

슬픈 안부

아픈 밤 건너온 내게 어매는 전화를 했지,
별일 없니?

아무 일 없어요,
쓴 약 삼키기보다 힘들었던 말

어매는 보고 있었지,
거짓말 뒤에 웅크려 앉은 시퍼런 상처

나도 알고 있었지,
모르는 척 돌아선 어깨에 쏟아지던 소낙비

지금도 여전히 들려오는 말,

별일 없니?

환한 이유

벚꽃이 저리 눈부신 것은
폭설 이고 옹이 다스린 둥치가 있었기 때문

꽃잎그늘 뒤
캄캄하게 굽은 허리, 부르튼 살갗

어둠 깊을수록
꽃잎, 더욱 환해진다는 것

깊은 강 건너온 눈에
새겨지는 물무늬.

둥근 호박

된장찌개 끓이려고 호박을 찾다가 두꺼운 비닐에 갇혀 길쭉하게 자란 몸뚱어리를 본다. 결박당한 채 울지도 못하는 눈망울을 본다.

둥근 호박 주세요, 둥근 호박 없어요?

이렇게 찾으면 단단한 코르셋을 입히지 않을지도 모르지. 기형으로 만들기 위한 음모를 거두어들일지 모르지.

날마다
헛걸음치면서도

둥근 호박 없어요? 둥근 호박 주세요.

잘못했다

엄마와 손잡은 나들이길,
아이는 나풀거리며 이리저리 콩콩

전봇대 뒤에 살짝 숨었다, 팔랑대던 얼굴이 하얘진다, 겁에 질려 울지도 못하고 허둥대는 날갯짓

반려견과 나선 산책길,
밤송이 사이를 킁킁거리며 폴짝폴짝

굴밤나무 뒤에 살짝 숨었다, 뒤돌아보던 눈이 휘둥그레진다, 앞뒤를 살피다가 위아래로 내달리며 울먹울먹

내가 잘못했다, 길바닥에 주저앉은
산 같은 후회.

2부

꽃葬

꽃그늘에 엎디어
각혈하는 밤

맨발로 엎어진 가난한 등허리에

하롱하롱
흰나비 떼 쓰러져 눕네요.

산촌일기

앞뒷산에 참꽃 흐드러지면
꺼먹고무신에 붉은 흙 가득 담은 채
꽃물 든 입술로 내달렸지.

머루 다래 으름은 갈피갈피 익어가고
아그배나무도 단풍든 손 흔들어 불러 세웠지.

뿌구리, 모래무지, 빠가사리, 지름쟁이,
피라미, 꺽지기가 어울려 살고
바위틈새 고둥은 해 지기 기다리며 몸을 풀었지.

풀 대궁에 피라미 서너 마리 꿰어 들고
봇도랑 길에서 나풀거릴 때
소꼴 바지게에서 피어나던 어리연꽃 향기.

두런두런 사랑방 산내끼 꼬는 소리
문풍지 틈새로 함박눈만 쌓여갔지.

봄비

그대 떠난 어둑새벽 베갯머리 건반을 두드립니다

산모롱이 도는 발자국마다 자작자작 고이는 눈물

봄비 내리는 아침, 꽃잎만 우수수 쏟아집니다.

미소

꽃은 왜 피어나는지, 강물은 왜 출렁이는지 당신은 아시지요?

다만,
말하지 않을 뿐.

가을비 오는 날

현악기 울림통이 젖은 사람들
둥지에 기어들어 쓸쓸히 축배를 든다

건배…… 건배……

이 골 저 골
빗줄기 사이로 쓰러지는 고독

술 향기에 취해…… 취해……

붉은 물감 번지네,
감나무 잎사귀.

숲속의 정사情事

계룡산을 오르내리다가
오줌 누러 외진 곳으로 숨어들었네

돌무더기 뒤
구절초 옆에서 엉덩이를 깐 순간

저, 예쁜
궁둥이 좀 봐

은근슬쩍 손 내밀어
어루만지는 바람

저만치서
떠꺼머리 봉분이 훔쳐보고 있네.

은행나무부처

은행나무부처가 있었네

사람들은 줄지어 금박선물을 바쳤네

천 날을 이어온 기도가 황금부처를 지었네

가난한 이들이 매달아논 금빛서원이
하늘사다리를 세웠네

천태산 어귀,

기다리고 기다리더니
천 개의 손이 나를 부르네.

풍경

늙은 소 울부짖듯 여자가 울어요
육자배기 구슬픈 구릉을 넘어요

묵묵히 사립문 열고 닫더니
무슨 검불 묻혀와 저리 울까요

마른 입술
나비처럼 합장한 채

간밤엔 아무 일 없었다는 듯
가느스름 골목길 빠져나가네요

햇살 한 자락
작은 어깨에서 춤을 추어요.

순례자

먼지바람 몰아치는 천길 벼랑을 위태로이 기는 목숨이 있어요. 얼음호수 지쳐와 비탈에 몸 부리는 사람이 있어요.

히말라야 설산에
신령스런 달이 뜨면

달빛이 열어준다는 샹그릴라 가는 길

눈 속에 묻힌 낙원을 찾아
숨 가쁘게 바치는
오 체 투 지

부디,
제 영혼을 비춰주소서.

겨울하늘

바위산에 올라앉아 어머니 하고 부르면
북극 늑대 한 마리 오우우우 하울링으로 응답한다

부르는 소리와 대답하는 소리가
언 하늘에서 부둥켜안는 소리

쨍그랑!

겨울하늘 가득
반짝이는
별.

직녀성

사랑하는 사람이 있었습니다. 함께 있으면 온통 빛날 것 같았습니다. 하지만 그에게서 도망쳤습니다. 남루한 몰골이 부끄러웠습니다.

물길이 몇 굽이 휘어지는 동안
바윗덩이 쪼개어 길을 냈습니다.

이제 그를 만날 거냐고 물어온다면
아니, 아니라고 대답하겠습니다.

눈물로 지은 견고한 성,
그 안에 누구를 들이겠습니까?

하느님은
늘 그리운 사람을 만들어
한 떨기 별로 떠 있게 했습니다.

산방山房

잎이 피고지고, 비바람 들고나고

다람쥐 한 쌍 굴밤나무 오르락내리락

취한 듯 생시인 듯 어울려 놀다보니

처사님 머리에 구절초가 하얗구나.

갈바람

서리들녘에 고꾸라뜨리더니

오늘은 삽상한 소주잔에 눈썹오리 적셔오네

너는 가난한 내 사랑과 늘 붙어 다니는 것이냐.

방짜징

눈물이 혼절할 때까지

쇠망치 내리쳐 짓뭉개다가 견고한 본성이 고개라도 들면 몸서리치는 얼음물에 집어넣더니

두드려 보시오,

물과 바람과 불을 품은 울음이 얼마나 먼 하늘을 팽팽하게 당기는지.

삼월이

봄마다 어린것들 질펀히 까놓더니
또 남정네를 불러들이네

사랑은 이제 그만할 거야
노래불러쌓더니

주름진 뱃가죽 아래
푸르디푸른 정액을 빨아들이네

가랑잎 들추고 꼬물거리는
생명, 생명……

춘정春情

술에 젖어 고꾸라진 골목
피멍자국 선연하다

창포 촉 땅거죽 뚫고
산수유 봉오리 찢어지는데

쓰린 상처 다스리다가, 훌쩍훌쩍 후회하다가

용케도 건넜구나
작디작은 맨발로 얼음산맥 넘어왔구나

봄은 오는가

못 견뎌,
술과 함께 오는가.

아일라

터키의 병사 슐레이만,
육이오 동란 중 후퇴하던 길목에서
길 잃은 아이를 만났지

납작한 코, 보름달 같은 얼굴
네 이름은 아일라

목욕시키고 머리 빗기고
전장까지 끼고 다니며 아버지가 되었지

병사는 여든일곱 노인이 되고
여섯 살 아이가 할머니 되어서야
울며 안겨 불러보는 뜨거운 이름, 바바

세상의 아버지들은
아이와의 약속을 지키기 위해 사는 거야

보름달 같은 말이 빛나고 있었지.

* 아일라 : 터키어로 '달'.
* 바바 : 터키어로 '아버지'.

펑펑

돌담귀퉁이 구부려 앉아 소리 없이 풀무질하더니

펑

펑

강냉이튀밥을 연달아 쏘아 올리네

어서 나오시오, 봄이 왔어요

술 마신 듯, 술 마신 듯
흔들리는 고함소리

이 골 저 골 출렁이는
꽃들의 웃음소리.

3부

자작나무 문장

저,

맑은 살결을 보아라, 탄탄한 근육질의 팔뚝을 보아라

핏줄에 굽이치는 시린 강줄기, 칼바람에 맞서는 콧날을 보아라

언 땅에 아랫도리 묻고도 흔들림 없는 눈빛을 보아라

창칼 들고 줄지어선 고구려 병사처럼

현란한 수식어 벗어던져버리고 견고하게 빛나는 문장을 보아라.

안녕

나는 어디서 왔을까요
슬픔은 어느 기슭에서 생겨날까요

얼어붙은 강을 건너고
절뚝이며 사막을 건너왔어요

발가락이 너덜너덜해질 즈음 몸뚱이에 새겨진 수많은 길이 희미한 기억을 휘몰아오겠지요?

안녕,
소녀여

빛나는
발목이여.

설악무산

먼빛으로,
먼빛으로만 계셨지요

파도 틈새 작은 얼굴 찾아내
오래오래 바라보셨지요

내, 이미 알고 있지
네 우주를 들여다본 적이 있지

이제 설악으로 들어가 고요해지겠지만
바람결로라도 눈물을 닦아주마

발길 닿지 않은 숲
신생의 글밭에서 너를 기다리마.

* 2018년 5월 26일 17시 11분, 세수 87세, 승납 60세로 설악무산 스님이 입적했다.

집게굴삭기

옥상에 올라앉아
콘크리트 난간을 야금야금 베어 먹는다.

사방으로 돌아가는 모가지, 정교하게 가위질하는 집게주둥이, 철근이 엿가락처럼 휘어지고 시멘트 천정이 넓적넓적 쓰러진다.

화성에서 온 사슴벌레 한 마리, 오층 건물 꼭대기에서 콘크리트 만찬을 즐기고 있다.

태연자약 능청스런
저 식욕.

그녀의 방

발 굵은 광목 침대보를 깔았다
성근 몸뚱이를 들락거리는 솔바람소리

네 활개 활짝 열고
사각의 영토를 호령하는 제왕이 된다
원시림을 유영하는 알바트로스가 된다

목화의 꿈을 들이마셨다가
올올이 풀어내 무명베를 짓는 밤

통유리 너머 달빛이 찰랑이면
촛불 없이도 환한 벽에
떠오르는 얼굴 하나

광활한 자유가
아름다이
운다.

아니다

나를 키운 건
어매만이 아니다

큰곰뱅이 바람과 소쩍새 울음이
밀고 끌며 이 산맥에 올려놓았다

골목에서 손잡아준 연초록 감잎, 강변길 휘돌 때 짝사랑을 일러준 부엉이 울음소리, 하늘 가득 흘러가던 목화솜구름

아니다,

끈질긴 질투와 시련이
힘을 합쳐 이 바다에 내어밀었다

번개가 칠 때마다
상처 딛고 피어나던

하얀 얼굴.

원추리꽃

장독대 돌 틈에 원추리꽃이 피었어요. 하늘 향해 밀어 올린 긴 모가지, 옹골찬 목숨 하나 품어 안은 채 외로움만 높아가는,

곁눈질하지 않았어요
돌아보지도 않았어요

땡볕이 쏟아져도 비틀거리지 않았어요
도도한 모가지로 우러렀어요

첫새벽엔 트럼펫을 불었지요
하늘문을 두드렸어요

하느님,
이제 그만 손잡아주세요
등황색 등불 켜고 기다릴게요.

처음처럼

사암계곡 동굴에서 기도했지요

저 꽃을
제게 머무르게 해주세요

기도는 마법에 걸려
천산산맥 만년설로 잠들고 말았지요

다시 볼 수 있다면

전생의 기억일랑 까마득히 잊고

처음 본 꽃처럼, 처음 본 입술처럼
제게 오세요.

숲속인간

숨어 울다가 홀로 울다가 목소리 앗겨버린 덩치 큰 짐승

매미소리 팽팽한 장력을 찢고 목숨잔치 울울한 숲을 어정거리네

울 줄도 모르는 벙어리 천치, 아픈 마디는 구겨 안은 채

불볕 이글거리는 아우성 속을 다리 절뚝이며 떠내려가네.

서커스 소녀

장대 끝을 아슬히 문 채

네 활개 벌리고 나는 소녀

앙상한 가슴팍에 속울음 묻은

그물망 속 인간, 새

좋아라

축축한 팔뚝 안에서 몸부림치다가
어릿어릿 선잠 든 새벽 어스름

방충망 성긴 몸뚱이를 뚫고
살랑살랑 들여다보는
손부채 바람

발치께 홑이불 끌어올리며

아이, 좋아라.

텅 빈 고요

집안에 가구를 들여놓지 않을 것, 바꾸지도 않을 것, 있는 가구도 버릴 것, 버리고 버려서 고요를 지을 것

불끈불끈 욕망이 일어서던 날
물소가죽 소파를 사들였네
청동 코끼리, 십이지신상을 사들였네

가을하늘에
흰 구름 쓸쓸히 유영하는 날

소파를 내보내고, 책장을 내보내고, 냉장고를 비우고, 나까지도 버린 후

강바닥 훤히 들여다보이는
아무르를 꿈꾸네

텅 빈 고요를
기다리네.

눈표범

파미르 고원을 홀로 건너던
승려였는지
몰라

장삼자락 감아 안고 바위틈에서 잠을 청하던
떠돌이 수행자였는지
몰라

설산의 말을 귀담아 들었지만

바람벽을 오르내릴 수밖에 없는
달라이 라마인지도
몰라.

반점

내 허벅지에는
왜 까만 물감이 묻어 있어요?

너를 잃어버리면
그 칠을 증표로 찾으라고
삼신할미가 찍어준 거란다

산모롱이를 돌 때도, 불어난 냇물에 떠내려갈 때도 반점은 나를 지켜주었지

골목에서는 별이 되어주고, 울고 있을 땐 등허리 다독이며 손 잡아주었지

오늘 따라 더욱 선명한 삼신할미의 붓질 자국,
안타까이 지켜보는 어미의 눈물자국.

퓨마 이야기

맹수라는 사실을 까마득히 잊은 채
여덟 해 동안 우리에 갇혀 지냈어요

어느 날, 문빗장 열리더니 꽃냄새가 밀려왔지요
바람이 끌어당기는 대로 산책길 나섰어요

처음으로 느껴보는 야생의 냄새
향기로이 말아 안고 잠들었지요

괴물잠자리가 붕붕거리고
사냥개 짖는 소리, 죄어오는 화약 냄새

정신이 혼미해진다고 생각한 순간
붉은 꽃잎이 흩뿌려 날렸어요

이유도 모른 채 죽어간 목숨,
내 이름은 호롱이.

* 2018년 9월 18일, 대전동물원에서 사육되던 퓨마가 열린 문으로 나온 후 사살되었다.

버강의 연인

아노야타 왕의 오른팔이 되어 불국토를 짓는 데 공헌했지만, 바고국 공주를 호위해오던 중 사랑에 빠져버린 짠싯타

왕의 여인을 탐한 죄로 이국으로 쫓겨나 떠돈 지 열네 해, 청년은 버강왕국의 반란을 평정하고 세 번째 왕이 되었지

왕이 되었다는 것은 옛 연인을 되찾았다는 것

오로지 그리워하던 첫사랑,
사랑을 찾은 기쁨으로 아난다사원을 지어 올렸지.

* 버강왕국 : 미얀마의 옛 왕국.

유목하는 사람

일만 년을
진화하지 않은 몸뚱어리
길들여지지 않은 땅, 알타이산맥

여름에는 고원으로 올라가 풀을 뜯기고
눈바람 거세지면 평원으로 내려와 유르트를 지으며
대대로 이어 내려온 삶의 지혜

가축과 함께 산맥을 오르내리며
자연이 주는 만큼만
누려온 이들,

유목하는
사람.

하늘고기

소반처럼 둥근 하늘을 받쳐 이고
눈바람 끌어안은 파미르 고원

알타이, 텐산, 히말라야 만년설은
수천 개 호수를 빚어놓았지

소금 키운 호수는 생명을 품을 수 없지만
부룬 쿨은 하늘고기를 불러들였지

흙탕물이 싫어
거슬러, 거슬러 이른 부룬 호수

가늘게 먹고 가는 똥 누면서도
참 좋았지.

4부

산에 쓰다

산길을 오르내리며
울툭불툭한 몸뚱어리에 시를 쓰다

후박나무 마른 잎에 쓸쓸함을 적고
상수리나무 껍질에 눈물방울 숨기다

차마 전하지 못한 말
골짜기 도랑물에 띄워 보내다

가을이 깊은데도 오지 않는
사랑,

가는 숨소리만
바람결에 실려 날다.

수컷

겉모습이 화려하지 않으면
암컷을 유혹하기 위해 장기가 필요하지.

아름다운 집을 지어 봐요. 무지갯빛 풍뎅이껍질을 물어오고, 빨강 파랑 노랑 과일도 따오고, 오색 병뚜껑까지 주워와 데코레이션 해봐요. 나는 몹시 까다로워서 장식이 맘에 들지 않으면 다 가가지 않을 거예요.

파푸아 산의 모든 소리를 흉내 낼 수 있어요. 계곡물 흐르는 소리, 천둥치는 소리, 나무 자르는 기계톱 소리, 인간들의 웃음소리, 붉은장식극락조가 사랑을 나누는 소리. 내 흉내 따를 자 아무도 없지요.

돌멩이, 나뭇가지, 가랑잎을 치우고 티끌 한 점 없는 무대를 만들어요. 그녀가 찾아와 나뭇가지에 앉으면 뒤꿈치 들고 서서 발레를 시작하지요. 흑진주 빛 궁둥이를 흔들어대며 춤추기에 골몰하는 꼬리비녀극락조, 눈은 오직 암컷을 향해 열려 있지요.

그녀의 관심을 사기 위해, 웃음소리를 듣기 위해
나도, 밤마다 시를 쓰지요.

가을강

운다,

비단구렁이처럼

붉은 산 그림자 끌어안고

구불텅구불텅

산다.

바우어 새

어무이,
저건 무슨 소리예요?

수컷 바우어 새가 짝을 부르는 소리란다
암컷이 올 때까지 몇 날 며칠을 울어대지

봄이 오고 가을이 가고,

어무이, 저 소리 들려요?

아리랑 아리랑 아라리요
밀물져오는 노랫소리

자꾸, 자꾸만 날 부르잖아요?

오른쪽

침대보가 오른쪽으로 흘러내린다. 한쪽으로만 오르내리니 밀리는가 싶어 몸뚱이 굴리지 않고 내려와 봐도 아침이면 어김없이 기울어져 있다.

비탈 없는 내리막, 잠속에서도 몸뚱이를 왼쪽으로 민다. 베개를 끌어안고 떨어지지 않으려고 끙끙거린다.

옆으로 기는 사막 뱀처럼, 오른쪽으로만 미끄러지는 비늘이 돋았는가보다. 오른쪽으로만 부는 바람이 밀어붙이나보다.

아니다,
오른쪽에는
죽어도 못 잊을 얼굴 살고 있나보다.

겨울배추

살얼음 덮인 냇물을 맨발로 건너다가
종아리 베이고도 절뚝이며 걸었네

반절은 눈에 덮이고 반절은 맨살인 채로
얼었다가 녹았다가 비탈바람 맞서다가
힘줄이 불거지고 모스라진 겨울배추

얼음 든 팔다리에서
달짝지근한 목숨의 맛

아이야,
네 얼굴에서도
아픈 향기 웃는구나.

푸른 구슬

수정체를 갈아 끼우는 수술을 하고
눈감고 앉아 가부좌하니

보이네, 달의 지평선에 떠오르는
푸른 지구

검푸른 대양, 산맥을 내달리는 바람 휘감아
구름 띠 두른 대리석무늬 구슬

허공에 던져져서야 볼 수 있었네
영롱하게 반짝이는
푸른 지구.

호두

소년이 작은 보따리를 주고 갔지
보따리 속에는 쭈글쭈글한 사랑이 들어앉아 있었지

소녀는 날마다 사랑을 깨트려 먹었지

심장이 맑디맑게 씻기는 동안
소년의 고백은 풀죽어갔지

마지막 가슴팍을 방망이로 내리칠 때
아프게 반짝이던 순금의 언어

깨부숴야만 볼 수 있는 사랑,
안타까운 적막을 마저 먹었지.

산도라지

비틀걸음 마디마디 눈을 틔운 후
돌멩이 오줌 받아먹으며 살이 올랐다

너덜겅에 발목 잡힌
몸뚱어리여

오늘도
억새지붕 위에는
햇빛이 논다

페이스북 늑대

토굴로 숨어든 늑대들이
가상세계로 들어가 노래 불러요
산과 나무와 강물을 데려오고
바람의 이미지를 빌려다가 포장하지만
외로운 늑대의 구애의 몸짓일 뿐,
지극한 사랑의 주인공인 양 떠들지만
절뚝이는 짐승의 허허로운 외침일 뿐,

외로워요, 잠잘 때를 빼고는 내내 외로워요, 허공에 대고라도 절규하지 않으면 견딜 수 없어서 수만 개의 눈귀를 가진 당신에게 구걸해요

블랙홀에 먹혀버릴 것을 뻔히 알면서도
멈출 수 없어요, 긴긴 하울링.

엄마의 장독대

노랗게 뜬 메주를 넣고 간수 빼낸 천일염을 녹여 붓고는 붉은 고추와 들깨, 숯덩이를 넣었지.

장독대에 무명바람 놀다가고, 햇살이 항아리를 쓰다듬는 동안 날것들은 어우러져 단내를 품어갔지.

깊은 맛이 우러나기까지는 매운 고추와 메주, 소금물까지도 품어 안은 장항아리 숨결 덕분.

엄마의 장독대는 사라졌지만
베란다 양지쪽, 그날의 장맛이 익어가고 있지.

시여

고독한 우물에서 잉태하는 생명이여
용암처럼 끓는 외로움이여

네 눈동자 똬리 틀지 않는다 해도
외로운 목숨,

높이 울어다오
내 시여.

고독한 사랑

소금사막에 와서야 알 수 있었네, 태초의 시간을 가둔 육각 결정 속 백색의 원시를 만나고서야 읽을 수 있었네.

차마 입술 포개지 못하고
꿇어앉아 자는 얼굴 내려다보다가
화들짝 일어나는 손을 볼에 갖다 대며

사랑해요,
울먹이던 사람

시작도 끝도 없는
초현실적 시간을 딛고 서서야
연민할 수 있었네, 고독한 사랑.

깍개등 어미

깎아지른 절벽머리, 깍개등에 업혀 사는 사람이 있어요. 너머 세상은 그려보지 않은 채 나뭇가지 주워 불 때고 나물 뜯어 먹고 사는 가시버시가 있어요. 태풍이 휘몰아오면 납작하게 엎드려 폭설과 함께 겨울을 나는 목숨이 있어요.

행여 떨어질라 등허리 추스르며
가시버시 받쳐 업은 깍개등 어미

어부바, 어부바, 어르는 소리는
절벽 아래 파도가 실어가 버리지요.

좁교

아베는 고산을 오르내리는 야크
어매는 농사일을 거드는 물소

설산을 오를 때는 아베처럼
우유를 내줄 때는 어매처럼

그뿐,

사랑을 거세당한

슬픈 짐승.

혼술

삐져나온 돌멩이가 발길에 걸리는 밤
바람자락 붙잡고 강변에 들어서다

치렁치렁한 얼굴가리개 벗어던지고
몸뚱어리 시키는 대로 달빛 아래 눕다

불러내지 못한 이름 다가와 볼 비비면
으스러지게 벌이는 본능의 향연

술잔에 어린 눈물 혼자 들여다보는
못 견디게 외로운 밤,
혼술 하는 밤.

섬진강, 봄

간지럼은
말초신경부터 자극해오는가

버드나무 손가락 끝
슬금슬금 번져오는 연노랑 물감

태곳적 강 둔덕에 정물로 박혀 있는 바윗덩어리,
터실터실한 몸뚱이는 담쟁이덩굴 놀이터가 되어버렸다

매화그늘에 앉은
연인의 입술에서 꽃냄새 난다.

계족산성

젖무덤 부풀린 산벚나무 꽃봉오리

마법에 홀린 걸까, 백제 적 소년이 몹시 그립다

돌담 귀퉁이 귓불은 붉어
살며시 손잡아도 도망가지 않을 텐데

성곽을 거닐던 탄탄한 어깨
가지런한 잇속에서 머뭇거리던 사랑

비파 뜯는 손가락 너머
옛사랑의 전설이 하롱하롱 지고 있다.

해설

사랑과 고독에 대한 미완성의 위로

김병호 시인 · 협성대학교 교수

사랑과 고독에 대한 미완성의 위로

김병호 시인 · 협성대학교 교수

시인이 시를 쓰는 이유는 밤하늘의 별들보다도 많겠지만, 자기 존재에 대한 의미 확인이라는 교집합의 공통분모를 놓치지 않는다. 시를 쓰는 순간에 시인은 일상의 삶에 매몰되어 있던, 누추한 자아에서 벗어나 오롯이 시적 자아로 다시 태어나기 때문이다. 시적 자아는 일상적 자아가 놓쳤거나 간과했던 사소한 세계로부터 우주 만물의 세계까지, 새로운 시선과 새로운 시각으로 그것들을 조망하고 배치할 수 있는 능력을 가진 초능력자가 되기도 한다. 그래서 이러한 시적 자아는 일상적 시간을 일탈해 과거와 현재는 물론 아직 겪지 않은 미래적 시간과도 교통하면서 자아와 세계에 대한 관계를 꾸준히 탐색한다. 이러한 탐색이 시인이 현존재에 대한 자기 의미를 확인하는 일반적 방식이라고 할 수 있다.

안현심 시인의 시집『프리마돈나, 조수미』역시, 자기 존재에 대한 의미를 탐색하고자 하는 열망과 함께 일상적 삶의 세속을 초월하여 탈속을 지향하는 자기 욕망을 감추지 않는다. 이 탈속의 방향성은 뒤에 이야기하겠지만, 일상적 삶의 형식을 지배하고 있는 물질적, 육체적 욕망에 매몰되지 않고 자기 존재적 차원의 세계를 탐색하고 관습적 삶의 형식에서 벗어나려는 탈속적 의지가 그의 시적 세계이며 매혹이라고 할 수 있다. 시인이 생각하는 일상의 세속은 인간 존재의 본원이 아니라 기능적 차원이 삶을 지배하는 세계다. 자신만의 이기적 욕망을 부끄럼 없이 표출하고 오히려 과시하며 타자의 세계마저 소유하려는 의식의 발현이 횡횡하는 공간이다. 그런데 시인은 이러한 기능적 세계를 초월하여 존재적 삶을 추구하려는 자세와 태도를 견지하면서 우리에게 본원적 삶의 풍경을 환기시켜 준다. 단순히 교과서적이거나 모범적인 이상 세계의 제시가 아니라, 오히려 자아 내부로의 침잠, 구심력의 세계를 보여준다.

특히 자기 삶의 모습과 동일시되는 시쓰기에 대한 구심적 의지는 아래의 작품에서 확연하게 읽어낼 수 있다.

저,

맑은 살결을 보아라, 탄탄한 근육질의 팔뚝을 보아라

핏줄에 굽이치는 시린 강줄기, 칼바람에 맞서는 곳날을 보아라

언 땅에 아랫도리 묻고도 흔들림 없는 눈빛을 보아라

창칼 들고 줄지어선 고구려 병사처럼

현란한 수식어 벗어던져버리고 견고하게 빛나는 문장을 보아라.

—「자작나무 문장」 전문

시인 안현심이 지니고 있는 시의 순정한 가치와 시정신이 집약적으로 드러난 작품이다. 세상에 안주하고픈 나릇한 마음에 스스로 경각심을 불어넣고, 안이한 습속에 젖어 세상을 타성으로 바라보려는 맥빠진 눈길에 불길을 당기는, 생의 의지와 시정신이 절규처럼 우러난다. 그저 자작나무의 고고한 풍모를 찬양하는 것이 아니라, 칼바람에 맞서고, 흔들림 없는 시의 정신을 은유한다. 시인이 시와 세상에 맞서는 자세는 "창칼 들고 줄지어선 고구려 병사처럼" 견고하다. 현란한 수사를 버리고 생의 의지와 시정신을 야생적 생명력으로 보여주고자 한다. 이는 단순히 생에 대한 감정적 대응이라든가 연민의 정조에 대한 반성적 의미에 그치지 않는다. 막연한 연민이나 동정에서 벗어나 시와 삶을 관통하는 생의 의지를 공유하려 한다.

삶의 가장 본질적 국면에 스며 있는 근원적 원리와 자세는, 시인이란 존재가 어떤 특수한 형식으로 살지 않으면 안 된다는 것을 절규한다. 이 작품에서 그려지는 '자작나무'는 시적 진정성의 세계이며, 시인 안현심의 영적 세계라 할 수 있다. 시의 본질과 삶의 본질은 '맑고 탄탄한 살결과 근육'으로 은유되면서 자작나무 자체가 시인의 의도에 의해 질서화되고 의미화된 가치를 지닌 하나의 세계로 표상된다. 시인은 자기 존재의 근원적 뿌리이면서 끝내 지켜내야 할 세계를 '자작나무'로 은유하고, 본원의 신성함을 감각적이고도 구체적 대상으로 그려내는 아름다운 풍경을 구축하였다. 시인에게 시는 인간에게 최선의 순수성을 지키게 하는 표지이자 절대의 세계로 이끄는 나침반과 같아서, 이 시집 전체에 보여주는 시에 대한 엄숙주의와 자연에 대한 경건함은 결국 등질적 가치를 지닌다.

> 산길을 오르내리며
> 울퉁불퉁한 몸뚱어리에 시를 쓰다
>
> 후박나무 마른 잎에 쓸쓸함을 적고
> 상수리나무 껍질에 눈물방울 숨기다
>
> 차마 전하지 못한 말
> 골짜기 도랑물에 띄워 보내다
>
> 가을이 깊은데도 오지 않는
> 사랑,
>
> 가는 숨소리만
> 바람결에 실려 날다.
>
> ―「산에 쓰다」 전문

일반적으로 시인은 이전 시인들이 그려내지 못한 시적 이미지를 만들어내고 싶은 치열한 욕망에 시달린다. 흔히 창조적 고통이라고 불리는 고난이 이러한 욕망에서 비롯되는 것인데, 시인의 지난한 고통을 통해 창조되고 산출된 이미지는 단순한 언어 기호로 존재하지 않고, 시인의 존재적 삶을 규정하는 거대한 힘으로 작용되기도 한다. 시적 이미지가 힘을 지닌다는 것은 결국 시인이 욕망하는 삶의 세계가 상상력을 통해 이미지에 고스란히 담기기 때문이다.

안현심 시인의 이번 시집을 촘촘하게 읽어보면 시에 대한 욕망과 사랑에 대한 열정의 변별점을 발견하기 어렵다. 사랑의 쓸쓸함이나 연민이 시에 대한 간곡한 욕망으로 대치되는 풍경 역시 낯설지 않다. "가을이 깊은데도 오지 않는/ 사랑"은 시인이 자연과 사물에 내재된 삶의 원리를 투시하여 그것을 자기 삶의 원리로 치환하려는 시적 상상력을 보여준다. '후박나무 마른 잎'과 '상수리나무 껍질' '골짜기 도랑물'은 단순히 가을빛의 산 풍경을 그려내는 것이 아니라, 우주적 어법을 거스르지 않는 시인의 자세, 삶의 원리까지를 의미한다. 시인은 이러한 삶의 원리와 자세를 통해 자기 존재에 대한 긍정과 함께 타자의 삶까지 감당하려는 존재양식을 견인한다. "가는 숨소리만/ 바람결에 실려 날다"라는 마지막 연에서는 시인의 간절한 울림마저 전해진다. "차마 전하지 못한 말"이 사랑의 고백일 수도 있고, 그 속에 내재된 삶의 원리이기도 하다. 시인은 이렇게 자연의 한 풍경을 자기 삶의 풍경으로 전환하려 상상력을 발휘하고, 풍경 속에 내재된 삶의 원리를 발견하고 해석하는 데 전력을 다한다. 자연의 풍경과 원리를 자기 삶에 육화하려는 시적 작업이라고 할 수 있다.

사랑하는 사람이 있었습니다. 함께 있으면 온통 빛날 것 같았습니다. 하지만 그에게서 도망쳤습니다. 남루한 몰골이 부끄러웠습니다.

물길이 몇 굽이 휘어지는 동안
바윗덩이 쪼개어 길을 냈습니다.

이제 그를 만날 거냐고 물어온다면
아니, 아니라고 대답하겠습니다.

눈물로 지은 견고한 성,
그 안에 누구를 들이겠습니까?

하느님은
늘 그리운 사람을 만들어
한 떨기 별로 떠 있게 했습니다.

—「직녀성」 전문

문학 작품 속에서 '별'은 기본적으로 신성을 바탕으로 한다. 특히 시에서는 시인의 상상력을 투영하여 별을 더욱 신비로운 존재로 펼쳐놓는다. 그런데 시인 안현심의 상상력은 우리의 보편적이고 원형적인 상상의 한계를 벗어나고 있다. 별의 현상학적 의미에 머물지 않고 별의 이중성이 지닌 비극성에까지 가닿고 있기 때문이다. 이는 별이 그것을 바라보는 이가 어둠에 있을 때

제 존재를 드러낼 수 있는 것처럼, 부정적 상황에 처했을 때 비로소 인간을 긍정적 세계로 이끄는 존재임을 의미하기도 한다. "함께 있으면 온통 빛날 것 같았"으나 결국 "그에게서 도망"친 화자는 "눈물로 지은 견고한 성"에 아무도 들이지 않겠다고 한다. 그리운 이를 슬픔 속에 가둬둘 수 없기 때문이다. 그래서 화자는 하느님이 "늘 그리운 사람을 만들어/ 한 떨기 별로 떠 있게 했"다고 변명한다.

별은 어둠에도 불구하고 자신의 길을 찾으려는 사람에게 제 모습을 드러낸다. 하루하루의 삶이 안락과 평안함의 연속인 이에게 별은 아무런 의미가 없다. 남루한 몰골의 부끄러움을 지닌 사람이라야 삶의 진실에 도달할 수 있는 것처럼, 하늘의 그리움도 온전히 그의 몫이 될 수 있다. 그리움을 드러내는 비극적 상징으로 '직녀성'은 멀리서 신비롭고 미묘한 자태로 화자에게 파문을 일으키지만, 이는 이미 화자 자신의 내면에 일어나는 외로움과 고독과 그리움의 반응으로서, '직녀성'이 지닌 이중적 역할이라고 할 수 있다.

감당할 수 없어 도망쳤던 사랑이, 세속의 번뇌를 떨친 그리움으로 정화되고, 그 애틋한 간절함은 '별'이라는 절대의 경지에까지 이르게 된다. 결국 어둠 속의 별은 이루지 못한 사랑과 주체할 수 없는 그리움의 표상이 되는 것이다.

> 어느
> 간절한 염원이
> 천 개의 불탑을 쌓게 했습니까?

어느
간절한 아픔이
바윗장을 일으켜 세웠습니까?

세상 어지러울 때
질서를 짓는다는 미륵이여,
어서 일어나 눈먼 이의 소원을 들어주세요.

운주사 곳곳 얼룩진 핏자국,

어느
뼈아픈 사랑이
한 생을 망치질로 노 젓게 했습니까?
—「운주사」 전문

시집 『프리마돈나, 조수미』를 촘촘하게 살펴보면 여느 시인들의 작품에서 쉽게 목격되는 가식적인 초월의 포즈를 찾아보기 어렵다. 시인은 삶에 힘겨워하며 외로움에 절규하지만 정작 자신의 삶을 방기하진 않는다. 자신을 둘러싼 세계의 운행을 관찰하면서 삶의 진실을 찾으려 노력하는 시인의 태도를 견지한다. 시인 안현심은 시와 삶과 사랑에 겸손한 태도를 가지고 있다. 다만 그 겸손은 자신을 낮추는 데에 있지 않고 시와 삶과 사랑에 대해 더욱 치열하게 나아가는 방식에 집중한다.

시인이 바라본 '뼈아픈 사랑'은 무엇이었을까. 시인을 미치게 하는 것은 '간절한 염원'과 '간절한 아픔'으로 얼룩진 어느 생生이다. 천불천탑의 전설을 가지고 있는 화순 운주사를 배경으로, 시인은 신과 인간의 영역을 구분한다. 즉 어지러운 세상에 질서를 만드는 것이 신의 영역이라면, 불탑을 쌓고, 바윗장을 세워 신을 모시는 것은 인간의 몫이다. 이 두 영역 사이에는 울음과 침묵이라는 극단의 양태가 있다. 이 사이를 선연하게 드러내는 것이 바로 시「운주사」인데, 시가 인간의 울음과 신의 침묵 사이에 있는 진실을 드러낼 수 있을 때, 진정한 시가 된다는 것을 시인은 너무 잘 알고 있는 듯하다. 그래서 "한 생을 망치질로 노 젓게" 한 사랑은, 시인에게 삶의 진실이고, 사랑의 고독과 슬픔에 유폐된 화자가 울음과 침묵 사이에서 토해내는 절규가 되는 것이다.

어떻게 보면 시인에게 세계와 내면은 동형의 것이고 그래서 세계의 속과 겉의 상호 전환과 영감과 불면의 상호 전환이 맞물리게 된다. 신에 대한 간절한 절규가 실은 시인 내면의 것이며, 수백 년 전의 전설 같지만, 현재 나의 삶이기도 하다. 아무리 기다려도 미륵은 오지 않고, 오히려 핏자국만 선연한 현실, 그럼에도 평생을 다 바쳐야 했던 '뼈아픈 사랑'은 사랑에 대한 근본적인 질문을 독자들에게 던지면서 사랑의 실재와 마주하고, 독자로 하여금 이에 반응하게 한다. 바로 이러한 전략적 지점이 시인 안현심이 지닌 시적 매력의 포인트라고 할 수 있다.

> 너무 섬세해서 상처받은 자리 아물지 않아요
> 스스로 만든 옹이는 스핑크스의 눈처럼

눈표범의 반점처럼 깊푸르지요

너무 단단해서 아름드리나무로 자라지 못해요
알락하늘소에게 내준 몸뚱어리는
산골아낙 아궁이를 덥혀주지요

가난한 등허리 어루만지며
얼어붙은 가지마저
불태우는 소리

자작자작
자작자작 탁탁.

—「자작나무」 전문

안현심 시의 특성 중 또다른 하나는 삶의 가혹함을 체험한 사람만이 발견할 수 있는 풍경을 고유하게 지니고 있다는 것이다. 안온한 삶에 젖어 있는 사람은 짐작하거나 살필 수 없는 풍경 속에서 시인은 그것들을 위무하고 스스로를 위로하며 삶의 가치를 되새긴다. 시인이 바라보는 풍경의 깊이와 넓이는 시인의 친숙한 공간 속에서 그의 주관에 의해 다양한 의미로 산포된다. 보통의 사람들은 대상의 한 면만을 바라보고 존재의 성질을 규정해버리는 성급함을 가지고 있지만, 시인은 사물의 실체를 제대로 인식하기 위해 표면과 이면을 함께 바라보는 포괄의 시선을 갖는다. 위의 작품 역시 이러한 맥락에서 읽어낼 수 있다.

자작나무의 옹이에 대해 시인은 "스핑크스의 눈처럼/ 눈표범의 반점처럼 깊푸르"다고 하지만 이러한 인식이 가닿는 과정에는 '너무 섬세해서' 아물지 못하는 상처의 자리에서 시작된다. 아물지 못한 상처를 온몸에 새기고도, "너무 단단해서 아름드리나무로 자라지 못"하는 숙명은, 시인의 사랑과 비슷한 동질의 가치를 지닌다. 이 글에서 살펴본 첫 번째 작품과 마찬가지로, 시인은 이 작품에서도 우주적 시공간의 겹들을 응축하고 이를 현현한 것이 마치 자작나무인 듯, 자작나무에서 어떤 신성을 발견해낸다. 그리고 그것은 존재의 심층에 대한 사유와 이미지들을 더욱 풍성하게 만들어낸다. 특히 이 시의 압권은 자작나무가 불타는 소리다. "자작자작/ 자작자작 탁탁" 단순히 얼어붙은 가지가 불타는 의성어를 넘어 시인을 위로하고 위무하며 다독이는 소리로 심화된다. "산골아낙 아궁이를 덥혀주"고 "가난한 등허리 어루만지"는 신의 손길. 시인의 존재와 구별되지 않고 뒤섞여 있는 일그러진 존재의 깊은 곳에서 생성되는 이미지들을 통해 신의 손길을 사유하는 안현심 시인 특유의 상상력은 그만의 귀한 자산이기도 하다. "자작자작 탁탁" 시원의 촉감을 감지하는 시인의 감성이, 시인의 감각으로 존재를 반응하고 교신하는 중요한 통로가 되고 있다.

토굴로 숨어든 늑대들이
가상세계로 들어가 노래 불러요
산과 나무와 강물을 데려오고
바람의 이미지를 빌려다가 포장하지만

외로운 늑대의 구애의 몸짓일 뿐,
지극한 사랑의 주인공인 양 떠들지만
절뚝이는 짐승의 허허로운 외침일 뿐,

외로워요, 잠잘 때를 빼고는 내내 외로워요, 허공에 대고라도 절규하지 않으면 견딜 수 없어서 수만 개의 눈귀를 가진 당신에게 구걸해요

블랙홀에 먹혀버릴 것을 뻔히 알면서도
멈출 수 없어요, 긴긴 하울링.
—「페이스북 늑대」 전문

근대적 사유는 인간을 유일무이한 존재로 확인시키면서 '나' 또는 '그 사건'을 통해 어떤 보편자의 특수화로 규정하려 한다. 특히 현대사회에서 이러한 사유의 방식은 "당신은 누구인가?" "당신은 무엇인가?"라는 끊임없는 물음을 통해 그 사람의 정체성을 묻고, 그 사람은 대답을 강요당한다. 하지만 그 사람의 정체성은 그 사람 자신으로부터 나올 수가 없다. 자신이 아닌 어떤 고정되고 제도적인 타자로서 대답을 마련할 수밖에 없기 때문이다. 이런 까닭에 소통의 공간으로 활용되는 페이스북에서 얻어지는 고독감은 더 클 수밖에 없다.

토굴과 가상세계는 서로 대척점에 놓인 공간이다. 외로운 늑대는 구애의 몸짓처럼 자연의 "산과 나무 강물을 데려오"지만 그것들은 오히려 늑대의 외로움을 심화시킨다. 자신이 누구인

지 모르고 말할 수도 없는 늑대와 같은 존재들. 현대사회를 살아가는 사람들은 이 세계 안에서 다양한 양태로 존재하지만 그것들이 지닌 본원적 고독에 갇혀 있는 존재임을 시인은 간파하고 있다. "블랙홀에 먹혀버릴 것을 뻔히 알면서도" 외로움과 고독의 막다른 골목에서 절규처럼 새어나오는 '하울링'을 멈출 수 없다. 부질없는 몸부림임을 알면서도 관심과 대답을 구걸하는 현대인의 자화상이 적나라하게 드러난 작품이라 독자로 하여금 안타까움을 자아내게 한다.

사실 수많은 관계와 인간들 속에서 살아가면서 존재적 양태를 강요당하는 현대인들을 고독한 늑대로 비유하는 것은 그리 낯설지 않다. 그러나 여기에 그려진 분열적 존재자의 모습과 단독성singularity의 상실은 우리가, 우리의 삶과 세계에서 고립된 존재임을 단적으로 보여준다. "수만 개의 눈귀를 가진 당신" 블랙홀Social Network Services에 애정을 구걸하는 현대인은 단독자로서 광막한 우주에 홀로 서 있는 풍경과도 대체된다. "잠잘 때를 빼고는 내내" 외롭다는 화자는 존재적 고독과 고립의 공포를 통해 자기 존재성을 증명한다. 이때의 고독은 절대적인 것이 되고 그것은 단순히 주체의 의지로 감당할 없는 수준의 것으로 경화된다. 작품 속 화자는 자신의 존재를 알아달라고 고독으로 아우성친다. 결국 시인은 이런 방식을 통해 자신의 실존을 스스로 재확인하고, 그림자처럼 가려져 있던 자신의 실체를 탐색할 수 있는 것이다.

소금사막에 와서야 알 수 있었네, 태초의 시간을 가둔 육각 결정 속 백색의 원시를 만나고서야 읽을 수 있었네.

차마 입술 포개지 못하고
꿇어앉아 자는 얼굴 내려다보다가
화들짝 일어나는 손을 볼에 갖다 대며

사랑해요,
울먹이던 사람

시작도 끝도 없는
초현실적 시간을 딛고 서서야
연민할 수 있었네, 고독한 사랑.

—「고독한 사랑」 전문

고통의 소금사막. 이 사막을 건너 우리는 사랑과 생명의 바다로 갈 수 있을까? 시작도 끝도 없는 초현실의 영겁과 같은 시간 속에 오롯이 남아 있는 사랑. 시인은 '고독한 사랑'이라고 하지만, 우리는 그것을 사랑의 고독이라 해야 맞을 것이다. 시인은 이성異性의 관계인 사랑의 탐구를 통해 초현실적 시간 건너편의 타자성의 세계를 체득한다. 이러한 타자성은 시인의 일상적 공간 속에서 두드러지게 체현되고, 더더욱 시인이 느끼는 고독의 감정과 직결된다.

작품 속 화자는 고통을 스스로 체화하면서도 고독에 대한 일

방적 감정을 체현한다. 그 내면적 고통에도 불구하고 사랑을 멈출 수 없는, 스스로에 대한 연민이 절절하다. 이 고독은 사랑을 감당해낼 수 없는 화자 본인에게서 기인한 것이다. 그렇기 때문에 고통을 스스로 내면화하여 이기적인 자기 욕망을 버리거나 조절하려는 시도도 해보지만, 결국은 화자가 깨달은 삶의 원리는 고통의 내면화를 통한 주체의 욕망 조절이다. 차마 입술도 "포개지 못하고/ 꿇어앉아 자는 얼굴 내려다보다가"는 스스로 화들짝 손을 "볼에 갖다 대"는 망설임과 욕망 조절을 시인은 고독한 사랑이라고 한다.

시인의 사랑이 고독한 또 다른 까닭은 그의 사랑이 타자를 억압하지 않은 채 이 세계를 포용하고 있기 때문이다. 아무리 스스로가 고통스럽다고 해도 욕망의 조절을 통해 '연민'의 단계로까지 나아가기는 쉽지 않은 경지이다. 자신의 부조리한 욕망을 인정하고 이를 고통스럽게 받아들여 스스로 고독에 처하는 내면적 통과의례는 또 다른 측면에서 보면 주체의 재생 과정이라고도 할 수 있다. 사랑에 대한 모순되고 고립된 욕망을 스스로에게 투사함으로써 초현실적 시간의 연민을 감내하는 것은 사랑을 완성하고자 하는 의지와 다르지 않기 때문이다.

시집『프리마돈나, 조수미』에서 안현심 시인이 전반적으로 보여주는 시세계는 자연적 풍경을 그 근거로 삼는다. 아마도 자연이 인간의 욕망을 반성하게 하는 가장 유효한 삶의 거울이기 때문일 것이다. 앞서 살핀 작품들에서도 쉽게 읽어낼 수 있듯이, 자작나무든 산길이든 물길이든 소금사막이든 그의 작품 안에서 펼쳐지는 풍경 안에는 모든 사물들이 욕망하는 삶이 내재되어 있다.

시인은 기꺼이 이를 통해 자기반성과 성찰의 기회를 마련한다. 이를 안현심 시인만의 시적 능력이라고 할 수도 있겠는데, 그는 자연을 들여다보고 그 세계와 교통하면서 스스로가 지닌 욕망의 과잉과 결핍을 경계하고, 자신이 지향하는 다양한 시선도 수월하게 내면화해 낸다. 사랑의 열망과 고독, 삶의 본질적 욕망과 자제. 안현심 시인에게 자연은 이렇게 그저 시적 상상력이나 서정의 풍경을 음미하는 낭만적 상상력에 머물지 않는다.

그의 시가 지닌 개성은 자신의 정직한 시선으로 자연에 내재된 삶의 원리를 상징적으로 파악하여 자기 삶의 원리로 내재화하려는 데에 있다. 특히 주목해야 할 부분은 타자의 욕망보다 자신의 욕망에 대한 헌신이 두드러지는 부분이다. 일반적으로 자연은 타자지향성을 보이지만 시인은 그 시선을 자기 자신의 내면 깊숙이 향하게 하여 존재적 고독의 고통과 연민을 기꺼이 감수한다. 자기 지향성의 존재들은, 사랑을 하는 존재들 또는 타자지향성의 존재로 전환할 가능성을 항상 내재하고 있지만, 안현심 시인은 기꺼이 이러한 이항대립적 구조를 해체하고 자기 지향성의 세계를 심화시킨다. 사랑을 통한 자기 존재의 확인이라는 통속적 구조 속에서 본원적 삶을 재조명하고 고통을 내면화하는 그의 시세계는, 안현심의 시적 전략이나 시작법의 차원의 것이 아니라 시적 숙명이라고 하는 편이 더 어울린다. 여리고 패한 것들을 어루만지며 위로하고 위무하는 것은, 결국 치열한 자기애이며 자기 숙명에 대한 순응이라고도 볼 수 있다. 그래서 감히 이 글의 제목을「사랑과 고독에 대한 미완성의 위로」로 지을 수 있었다.

상생을 허락하지 않는 욕망의 단절. 타자의 욕망을 배척하거나 억압하지 않으나 절대적이고 획일적 기준도 강요하지 않으며 자기 자신의 욕망에 침잠해 있는 시인이, 이후의 작품에서 어떤 세계를 보여줄지 기대를 감출 수 없다.

반경환 명시감상

프리마돈나, 조수미

오르가즘

반경환 철학예술가 · 『애지』 주간

프리마돈나
— 조수미

안현심

당신은
신이 사랑한 사람

지독한 질투로
가시버시 사랑을 앗아가더니

나만을 바라보라고, 오직 나만을 흠모하라고, 체온을 나누고 싶거든 하늘에 닿는 노래를 부르라고

신에게 찍힌 죄로
고독한 산정에서 비단실을 뽑아내는

인간 여인의
천상의 피리소리.

프리마돈나는 오페라의 주연배우이며, 그 어떤 상대도 그의 자리를 넘볼 수가 없다. 조수미는 프리마돈나이며, 신이 내린 목소리는 그의 연인의 목숨을 앗아가고 말았다. 신은 전지전능한 존재이며, "지독한 질투로/ 가시버시 사랑을 앗아가더니// 나

만을 바라보라고, 오직 나만을 흠모하라고, 체온을 나누고 싶거든 하늘에 닿는 노래를 부르라고" 천형을 내린 것이다.

프리마돈나 조수미의 재능이란 비밀리에 제조된 다이나마이트이며, 이 다이나마이트로 모든 것을 정리한 다음에 찾아오는 평화와도 같다. 프리마돈나란 최고급의 전사가 되어야 하고, 프리마돈나는 반드시 이 세상을 창조하기 전에, 자기 자신이 먼저 벌을 받는다. '나는 신성모독을 범한다. 고로 존재한다.'라는 벌을 받고, 다음에, '세계는 나의 범죄의 표상이다. 고로 행복하다.'라는 황금의 월계관을 쓰게 된다.

아버지와 스승의 목소리를 폭파시켜버리고, 오빠와 친구와 미래의 목소리마저도 폭파시켜버린다. 가치의 창조자는 가치의 파괴자가 되어야 하고, 가치의 파괴자는 가치의 창조자가 되어야 한다. 아라크네가 팔라스 아테네에게 도전했다가 비단실을 뽑아내는 거미가 된 것과도 같고, 하데스의 질투로 연인을 잃고 떠돌이 나그네로 살아야 했던 오르페우스의 운명과도 같다. 프리마돈나 조수미는 신에게 찍힌 죄인이며, 그것은 위대함의 재앙과도 같다. 위대함은 재앙이고, 불화이며, 위대함은 전쟁이고, 평화이다.

조수미는 신의 목소리를 지닌 프리마돈나이며, 신들의 질투로 가시버시를 잃었다. 가시버시를 잃은 그의 슬픔이 노래가 되고, 그 노래는 "천상의 피리소리"가 되었다. 단테와 페트라르카의 사랑노래처럼, 또는 오르페우스와 백수광부 아내의 사랑노래처럼. 안현심 시인은 프리마돈나이고, 조수미이다. 이 세상의 고통은 짧고, 시인의 노래는 모든 신들의 질투를 잠재운다.

시인이란 미래를 살고 있는 사람이고, 그의 언어는 다이나마이트와도 같다. 다이나마이트로 모든 것을 파괴하지 않으면, 그의 언어는 소리를 얻을 수가 없다. 시인은 시인이 되기 이전에 자기 자신을 먼저 죽이고, 되살아남의 과정을 통해서 득음의 경지를 터득하게 되는 것이다. 신들의 질투란 시인의 탄생 과정의 인식론적 장애물, 또는 반동적 인물들의 총체에 지나지 않는다. 시를 쓴다는 것은 전쟁을 한다는 것이며, 시인은 최고급의 전사가 되지 않으면 안 된다.

오르가즘

안현심

연천봉 아래 연초록 너울, 살 비비며 쓰러지며 혼절하는 파도,
맨발로 얼크러져 몸부림하는 시원始原.

사월의 숲,

죽어도 좋을 목숨의 잔치.

오르가즘은 삶의 절정이며, 이 세상 삶의 찬가이다. 인간의 본능은 성적 욕망이며, 이 성적 욕망을 우선하는 것은 없다.

오르가즘은 "연천봉 아래 연초록 너울"이고, "살 비비며 쓰러지며 혼절하는 파도"이다. 신과 아버지의 권위도 모르고, 도덕과 예의범절도 모르고, 시간과 공간도 모른다. 오르가즘은 "맨발로 얼크러져 몸부림하는 시원始原"이며, 살과 살의 향연으로써 '사월의 숲'을 탄생시킨다.

오르가즘의 파괴력은 빅뱅, 즉, 우주 폭발과도 같고, 오르가즘의 생산성은 수억만 년 우주 역사와도 같다.

"죽어도 좋을 목숨의 잔치", 이것이 안현심 시인의 '오르가즘 미학'의 명제이기도 한 것이다. 우주의 역사는 오르가즘의 역사이다. 대절정, 환희, 죽어도 좋을 목숨의 잔치!

안현심 시집

프리마돈나, 조수미

발　　행 2019년 7월 30일
지 은 이 안현심
펴 낸 이 반송림
편집디자인 김지호
펴 낸 곳 도서출판 지혜 • 계간시전문지 애지
기획위원 반경환 이형권 황정산
주　　소 34624 대전광역시 동구 태전로 57, 2층 도서출판 지혜 (삼성동)
전　　화 042-625-1140
팩　　스 042-627-1140
전자우편 ejisarang@hanmail.net
애지카페 cafe.daum.net/ejiliterature

ISBN : 979-11-5728-359-0 03810
값 10,000원

안현심

전북 진안에서 출생했다. 계간『불교문예』로 시인이 되었고, 월간『유심』으로 문학평론가가 되었다. 시집『프리마돈나, 조수미』,『연꽃무덤』,『상강 아침』외 4권, 자전에세이『현심이』, 산문집『오월의 편지』, 평론집『물푸레나무 주술을 듣다』, 연구서『미당 시의 인물원형 계보』,『한국 현대시의 형식과 기법』이 있다. 진안문학상(2011), 풀꽃문학상젊은시인상(2015), 한성기문학상(2015), 대전시평생교육진흥유공상(2018)을 수상하고, 현재 한남대학교와 대전시민대학에서 글쓰기와 시창작을 강의하고 있다.

이메일: ansim99@hanmail.net